L'ÉTAT FÉDÉRAL D'AFRIQUE NOIRE :
LA SEULE ISSUE

Collection IREA

Collection dirigée par David Gakunzi

Fournir des clés permettant de mieux comprendre l'Afrique, son histoire, ses réalités et mutations actuelles, ainsi que sa géopolitique, voilà l'ambition de cette collection de l'IREA (Institut de recherche et d'études africaines). La collection - qui réunit aussi bien des essais, des monographies que des textes littéraires issus des travaux et des débats animés par l'Institut - a pour vocation de faire connaître au grand public les travaux d'auteurs confirmés mais également ceux de jeunes talents encore méconnus. Les ouvrages de la collection sont rédigées dans une langue conviviale, vivante et accessible.

Dernières parutions

Jean-David N'Da, *Le nouvel ordre ivoirien*, 2012.
Roger Gballou, *Côte d'Ivoire : souveraineté bafouée*, 2011.
Calixte Baniafouna, *La démocratie de l'ONU en Côte d'Ivoire*, 2011.
Calixte Baniafouna, *Ce que France veut Afrique veut : le cas de la Côte d'Ivoire*, 2011.
Calixte Baniafouna, *La démocratie néocoloniale de la France*, 2011.
Roger Gballou, *Côte d'Ivoire, le crépuscule d'une démocratie orpheline,* 2011.
David Gakunzi, *Libye : permis de tuer,* 2011.

Théophile OBENGA

L'ÉTAT FÉDÉRAL D'AFRIQUE NOIRE :
LA SEULE ISSUE

L'Harmattan

5-7, rue de l'Ecole-Polytechnique, 75005 Paris

http://www.librairieharmattan.com
diffusion.harmattan@wanadoo.fr
harmattan1@wanadoo.fr

ISBN : 978-2-296-96149-4
EAN : 9782296961494

Avertissement

Ce texte, né d'une circonstance singulière, donc de lutte, est le développement d'une brève communication faite à Abidjan lors du Colloque international du 28 novembre au 2 décembre 2011 sur « **La Renaissance africaine et les leçons de la crise ivoirienne** ».

Je remercie vivement tous les participants à cet important colloque, ainsi que ses organisateurs nationaux, notamment le professeur **Yacouba Konaté**, président du comité scientifique d'organisation.

Les idées ici exprimées ont le mérite d'appartenir au « domaine public africain », étant donné la grande actualité du thème de la **Renaissance africaine et de l'État fédéral africain**[1].

Il est certain que l'Afrique accomplira, un jour, par-delà les crises, sa destinée panafricaine, dans ce monde.

---

[1] Théodore OTTRO ABIE, *De l'Union Africaine à un État fédéral africain*, Paris, L'Harmattan, 2009, 129 p. Collection : « Points de vue ».

Chapitre 1

L'accessoire et l'essentiel. Nécessité d'un nouveau discours africain de la méthode

Dans la vie des individus comme dans celle des peuples, il faut savoir toujours distinguer l'accessoire de l'essentiel. L'accessoire peut paraître important, envahissant, d'une actualité brûlante, mais il ne reste pas moins accessoire. Tout ce qui relève de l'accessoire ressort de l'épiphénomène. L'essentiel, au contraire, est ce qui est capital, fondamental, incontournable. Une solution essentielle, c'est-à-dire radicale à un problème, est toujours supérieure à une approche partielle, parcellaire, fragmentaire, accessoire. Et jamais l'accessoire ne peut remplacer l'essentiel.

Les Négro-Africains actuels ont la vertu d'ériger l'accessoire en arguments ou en problèmes essentiels. Ils prennent les épiphénomènes pour ce qui est essentiel. D'épiphénomène en épiphénomène, les choses ne progressent pas. On tourne en rond. On n'avance guère. L'essentiel est perdu de vue quand domine l'accessoire. Du coup, un véritable leadership fait gravement défaut. Il est rare que l'accessoire puisse engendrer un leadership dynamique.

Dans l'Afrique noire actuelle, le **discours de la méthode** pourrait consister à distinguer nettement l'accessoire de l'essentiel : ce qui est décisif, impératif, de ce qui ne l'est pas ; ce qui est urgent de ce qui l'est moins et qui, par conséquent, n'a pas l'urgence de l'essentiel.

De nos jours, presque tous les problèmes africains sur lesquels on met constamment l'accent ne sont que des épiphénomènes, à bien y réfléchir :

- **guerres civiles postélectorales** : l'envie citoyenne fondamentale de paix sociale finira nécessairement par vaincre les obstacles ;

- **réconciliations nationales** : le désir profond et global de l'unité de la nation qui est un sentiment collectivement partagé finira par prévaloir ;

- interventions militaires occidentales : ces interventions expéditives ne défendent ni le droit ni la civilisation, mais seulement les intérêts occidentaux, ainsi l'**OTAN**, commanditée par l'**ONU**, les **USA**, la **Grande-Bretagne** et surtout la **France**, a assassiné, le 20 octobre 2011, l'ancien président de la Libye, pour le pétrole. Tous, unanimes, à la suite de **Caton** l'Ancien : *Carthago delenda est,* c'est-à-dire les légions romaines doivent coûte que coûte réduire Carthage en cendres.

Et l'histoire de se répéter, exactement, à quelque 10 siècles de distance :

Empire romain	Occident moderne
1- Sénat romain manipulé et corrompu	**1-** ONU manipulée et monopolisée par la diplomatie occidentale
2- César • puissance du monde • arrogance outrancière • mépris du reste du monde (le citoyen romain seul existe)	**2-** USA–Grande-Bretagne–France : • puissance du monde • arrogance outrancière • mépris du reste du monde (« tiers-monde », « péril jaune », « sous-développement », etc.)
3- Légions romaines • forces militaires de l'Empire romain • guerres-conquêtes-invasions • le seul ordre mondial, celui de Rome	**3-** OTAN • forces militaires alliées, coalisées, intégrées en faveur des seuls intérêts occidentaux (les nouvelles croisades) • le *Charles-de-Gaulle* et le bombardement massif de la Libye
4- Carthage • Afrique du Nord • guerres puniques • Carthage détruite en 146 av. notre ère par **Scipion Emilien**	**4-** Libye • Afrique du Nord • invasion militaire sous de fallacieux prétextes, assassinat par l'**OTAN** et la France d'un président africain en 2011 ; montage mensonger de l'information
5- Méditerranée : *mare nostrum*, « notre espace maritime à nous », les Romains	**5-** la **France,** qui force en vain l'unité des pays méditerranéens face au dynamisme du monde germanique et anglo-saxon

- renouvellement et réactivation **des réseaux et sous-réseaux des anciennes puissances coloniales** : la « volonté politique africaine » elle-même sacralise une fausse et éphémère structure historique comme la « France-Afrique » et ses malles d'argent, dit-on, au détriment de la solidarité panafricaine agissante ;

- **pompage constamment accéléré des richesses du sous-sol africain** (diamants, cuivre, bauxite, fer, or, manganèse, uranium, cobalt, niobium, zinc, sodalite, phosphate, étain, plomb, chrome, coltan, béryl, monazite, cadmium, germanium, hydrocarbures, etc.) : « les marchés tropicaux » n'existent pas en Afrique par la faute des Africains eux-mêmes ; les guerres civiles africaines sont suscitées et entretenues par la corruption occidentale (armes, réseaux, etc.) ;

- **déclin régulier** – au milieu de tant de talents ! – **des systèmes éducatifs** africains qui manquent cruellement de véritables grands concepts directeurs ;

- **suivisme africain**, spontanément, des vœux et analyses (foncièrement partisanes et racistes) de la communauté dite « internationale », qui engage, ici, la **Force Licorne** (une phalange de combat) pour détruire et massacrer, et refuse, là, de reconnaître un État (palestinien ou autre), à cause de certains lobbies obstinément antidémocratiques ; les autorités françaises peuvent-elles dire honnêtement combien de fils et de filles de Côte d'Ivoire, donc de jeunes africains, ont été froidement massacrés par les militaires français de la **Force Licorne** ? Les toxiques « **déchets d'Abidjan** », n'est-ce pas un crime contre l'humanité ? Et le lourd silence des « humanitaires » occidentaux à ce sujet ?

- **insouciance en matière sécuritaire et militaire du continent africain** : il n'y a de « coopération » que pour les forêts équatoriales africaines au nom du développement obscurément qualifié de « durable », alors que tout développement réussi est naturellement et nécessairement fait pour durer dans le temps ;

- **réchauffement climatique** : c'est un problème planétaire alarmant, certes, cependant la destruction volontaire des écosystèmes, de l'environnement, des niches écologiques, et la pollution atmosphérique par l'émission des gaz à effet de serre, ne sont nullement, tant s'en faut, le fait de l'Afrique noire, qui ne développe pour le moment aucune industrialisation d'envergure. Tout au contraire, ce sont les pétroliers qui polluent et détruisent les écosystèmes aquatiques et terrestres du golfe de Guinée, au vu et au su des structures occidentales qui se réclament verbalement de la défense des droits humains ;

- **options idéologiques africaines** conscientisées (francophonie oblige), qui considèrent la culture négro-africaine comme un simple « complément d'âme » à la civilisation occidentale : l'émotion, ici, avec la distraction et l'amusement ; là-bas, la raison, avec le monde avancé de l'intelligence et du progrès ;

- **peurs, hésitations et prétextes (techniques)** à hâter l'intégration africaine, sous-régionale et régionale, pour ne pas trop déplaire aux « partenaires » occidentaux dont la devise, depuis les Romains, est : « Diviser pour régner » (*Divide et impera*).

Tous ces épiphénomènes et tant d'autres – tribalisme, diversité culturelle, etc. – relèvent de l'accessoire.

Et ces épiphénomènes ont pour cadre et contexte l'**État-nation** aux frontières héritées de la conférence de Berlin (1884-1885) et de la colonisation.

Aujourd'hui, le sentiment du vivre ensemble africain est façonné par ces frontières de l'occupation et de la domination coloniales : « Afrique anglophone », « Afrique francophone » (aucun député français ne se proclame « francophone » en France, et pourtant il est francophone à

100 %, et la France profonde ignore tout de la francophonie), « Afrique lusophone », « Afrique hispanophone » : l'Afrique africaine des Africains a pour grands obstacles toutes ces Afriques linguistiques qui demeurent toujours des **zones d'influence** des anciennes puissances coloniales, sans cesse dominatrices et avides des richesses africaines.

À l'échelle de l'**État-nation**, les épiphénomènes sont considérés comme des problèmes essentiels : ce qui n'est pas en réalité le cas.

L'essentiel, pour l'Afrique noire, est ailleurs : à l'échelle d'un **État fédéral** panafricain continental, pour aborder collectivement, solidairement, d'un même élan, les problèmes essentiels, dans le monde contemporain.

Il sied par conséquent, pour quitter l'accessoire et aborder l'essentiel, de jeter un regard panoramique sur la géopolitique du monde contemporain.

Chapitre 2

Géopolitique du monde contemporain

Le monde contemporain est caractérisé, au plan politique, économique, monétaire, militaire, scientifique, industriel, technologique, par de **grandes masses géopolitiques et géostratégiques**.

Telle est la réalité fondamentale du monde d'aujourd'hui et de demain.

Les communautés humaines, les nations, les États, leurs aspirations et leurs visions, ont complètement changé d'échelle.

Il y aura les nains et les grands, les mondes politiquement balkanisés et les mondes politiquement unis et forts.

Le monde occidental, héréditairement destructeur depuis le Cro-Magnon, a toujours été uni contre l'Afrique noire désunie :

- **600 ans** de traite négrière atlantique et d'esclavage : plus de **200 millions** de Noirs africains déportés aux Amériques au nom du **Code noir**, le droit le plus criminel de toute l'histoire humaine, inventé par l'Occident chrétien et humaniste, au siècle des Lumières ;

- **100 ans** de colonisation et de domination : massacres, crimes, assassinats, barbarie sans mesure dans toutes les colonies ;

- **80 ans** d'apartheid, de ségrégation, de discrimination et de mépris.

Ce mépris occidental se poursuit de nos jours : **bases militaires occidentales d'occupation néocoloniale**, sur le sol des États-nations de l'Afrique noire ; ce qui serait radicalement impossible sur le sol d'un État fédéral africain puissant, sans l'accord explicite de ce dernier.

La vraie question est de bâtir la **puissance africaine**, puisque le monde se comporte ainsi de nos jours :

- **USA – Canada – Mexique** : puissance économique plus forte que ce qui existe de nos jours ; les USA sont partout : alliance militaire atlantique (OTAN), alliance économique avec les pays riverains du Pacifique, congrès des Amériques ;

- **Brésil – Pays andins de l'Amérique du Sud** : pour créer un grand marché sud-américain reconnu et compétitif : la communauté économique de l'Amérique latine[2] ;

- **Europe occidentale** : domaine de l'**euro**, puissance de 27 États qui tendent difficilement vers une communauté (politique) intégrée au bénéfice des peuples européens ;

- **monde islamique** : à la recherche de sa puissance nucléaire (Iran), possédant presque tout le pétrole dont l'Occident a si grandement besoin pour son industrie ;

- **sous-continent de l'Inde** : l'Inde, État d'Asie méridionale. 3 287 590 km^2, 1 169 016 000 habitants, langue : **hindi** ; religion : **bouddhisme** ; monnaie : **roupie** ; capitale : **New Delhi** ; climat tropical marqué par la mousson, économie à forte croissance, dynamisme agricole (« la révolution verte » : riz, blé, arachide, millet, sésame, coton, canne à sucre, thé, café, hévéa, etc.) ; industrie puissante et diversifiée, mines ; exportateur de biens

---

[2] Hugo CHAVEZ, *La unidad latinoamericana*, Bogota, Ocean Sur, 2006, 258 p.

industriels (machines, diamants taillés, tissus, etc.) ; spécialisation dans la haute technologie (informatique, micro-électronique, télématique) ; **premier producteur mondial de logiciels** ; industrie pharmaceutique poussée ; le nucléaire, le secteur de l'aérospatiale est en plein développement. Ainsi, l'Inde est plus qu'un « pays émergent » comme l'Occident aime le répéter avec quelque ironie ;

- **la Russie**, État d'Europe orientale et d'Asie septentrionale, 17 075 200 km^2, 142 498 000 habitants, langue russe et diverses minorités, religion chrétienne orthodoxe, économie de marché, réformes agraires, énergie, gaz naturel, armement nucléaire, exploration spatiale ;

- **la Chine** : État d'Asie orientale, 9 641 100 km^2, 1 315 843 000 habitants, langue : chinois mandarin et diverses minorités ; religion : taoïsme et bouddhisme ; monnaie : **yuan** ; premier producteur mondial de charbon, 10 % des réserves pétrolières mondiales, gaz naturel, fer, 2e rang mondial pour la production de l'électricité, réformes agraires, exportatrice de riz, de soja et de coton brut, industrie croissante (textile), économie de marché socialiste,

70 % de la production mondiale pour **les jouets**, chimie, électronique, nucléaire, espace ;

- **l'Afrique** : 30 300 000 km^2 (3 fois plus grande que la Chine), 1 034 140 000 habitants (14,5 % de la population mondiale), sous-développement (industrialisation faible, manque de capitaux locaux, sous-emploi, systèmes éducatifs de seconde zone, etc.).

Toutes les masses géostratégiques du monde contemporain sont des forces ou des puissances politiques, économiques, industrielles, militaires, scientifiques, culturelles et spirituelles (christianisme, islam, bouddhisme, sociétés secrètes, etc.).

Les **arsenaux militaires stratégiques du monde contemporain** coûtent excessivement cher, et ils sont impossibles à posséder individuellement, à l'échelle des petits et pauvres **États-nations** actuels de l'Afrique noire. Ce serait bien différent à l'échelle de l'**État fédéral d'Afrique noire**. Toutes les puissances du monde sont aujourd'hui nucléaires. Le nucléaire est devenu le patrimoine de l'humanité d'aujourd'hui. Aucun droit n'interdit à l'Afrique noire unie et solidaire de développer son programme nucléaire. Voici quelques-uns de ces engins et armements stratégiques :

- sous-marins lanceurs de missiles nucléaires à têtes multiples ;

- missiles balistiques intercontinentaux basés à terre, donc mobiles (les missiles russes **SS25** peuvent être tirés d'un camion) ;

- missiles balistiques intercontinentaux basés dans les silos ;

- bombardiers stratégiques ;

- sous-marins en patrouille ;

- sous-marins à quai ;

- radars et satellites de détection avancée.

Certes, les accords START (Traité de réduction des armes stratégiques) entre Américains et Russes ont désactivé ou détruit beaucoup de ces engins nucléaires, mais il en subsiste toujours quelques-uns.

L'Afrique noire est jusqu'ici au seuil des avancées militaires et économiques de l'humanité. Son extrême fragilité politique favorise le pompage accéléré de ses matières premières, notamment par l'Occident, depuis la révolution industrielle occidentale.

Il faut donc à l'Afrique un gigantesque projet pour sortir de cette situation de précarité, de souffrance, de pauvreté et de misère, de domination et d'injustice. Le salut est collectif, à l'échelle d'un **État fédéral panafricain. Les États-Unis d'Afrique** sont une vieille vision du Jamaïcain **Marcus Garvey.**

Par-delà la crise, la Côte d'Ivoire retrouve nécessairement l'essentiel : l'Afrique.

La renommée internationale de l'école ivoirienne de médecine, les performances agricoles de ce pays, la créativité scientifique, culturelle, artistique, sportive et spirituelle de cette nation, les apports de l'intelligentsia ivoirienne dans tous les domaines du savoir, la littérature ivoirienne – dont l'un des pionniers est aujourd'hui le doyen d'âge de tous les écrivains africains, puisque **Bernard Dadié** porte à merveille ses **95 ans** –, à cause de cela et pour tout cela, la Côte d'Ivoire reprendra bientôt, après les procédures réconciliatrices requises, son rôle de pays moteur dans la construction de la nouvelle Afrique.

Cette nouvelle Afrique, celle de la dynamique de la **Renaissance africaine**, est celle qui a toujours été souhaitée et voulue par les grands leaders africains : l'**État fédéral africain**.

Chapitre 3

L'État fédéral africain

Il s'agit d'aller à la rencontre des grandes figures du panafricanisme et d'explorer les fondements politiques, énergétiques, économiques et industriels de **l'État fédéral africain,** à la suite des travaux novateurs du professeur **Cheikh Anta Diop**[3].

a) Grandes figures du panafricanisme

Depuis le début du XXe siècle, tous les Africains, dans les diasporas noires du Nouveau Monde et sur le continent africain lui-même, ont toujours souhaité, rêvé et voulu d'un **État fédéral** à l'échelle continentale.

Or l'Occident, dans ses dictionnaires, ne mentionne jamais les leaders panafricanistes : l'Occident agit ainsi

[3] Cheikh Anta Diop, Les Fondements culturels techniques et industriels d'un futur État fédéral d'Afrique Noire, Paris, Présence Africaine, 1960, 114 p.

délibérément pour étouffer la conscience africaine. Là est le danger des manuels et autres ouvrages africanistes eurocentristes occidentaux qui, outre l'incompétence, s'attachent à dénigrer systématiquement tout effort historiographique africain original. L'on se rappelle encore d'un certain « discours » de Dakar, de toute finesse voltairienne !

Voici quelques noms parmi les grandes figures historiques de l'unité africaine et du panafricanisme :

• **W.E.B. Du Bois** (1868-1963), Noir américain, défenseur intègre du panafricanisme qui voulait d'une **Encyclopédie panafricaine ;**

• **Marcus Garvey** (1887-1940), Jamaïcain, le véritable fondateur du « Pouvoir Noir » **(Black Power)** et du panafricanisme économique avec *Black Star*, navire commercial acquis par **Garvey,** mais torpillé et coulé dans l'océan Atlantique par les Américains, grands défenseurs des droits de l'homme (*sic*). **Garvey** fut exilé ;

• **Jomo Kenyatta** (1893-1978), emprisonné, panafricaniste du Kenya, illustre savant anthropologue ;

• **Kwame Nkrumah** (1909-1972), emprisonné, éminente figure de la décolonisation de l'Afrique noire, philosophe du consciencisme comme idéologie de la libération du Noir, champion incontesté de l'unité africaine (*Africa must unite*/ « L'Afrique doit s'unir ») ;

• **Nelson Mandela** (1918-), chef historique du Congrès national africain (ANC), emprisonné de 1962 à 1990, donc pendant 28 ans, par les Afrikanders[4] du régime apartheid, prix Nobel de la paix 1993 ;

• **Julius Nyerere** (1922-1999), le **Mwalimu**, socialiste africain de la Tanzanie, panafricaniste de grande conviction ;

• **Cheikh Anta Diop** (1923-1986), physicien nucléaire, historien Sénégalais, puissant panafricaniste et fédéraliste, créateur de l'unité culturelle de l'Afrique noire depuis l'Égypte pharaonique ; bâtisseur de la conscience historique africaine dans les temps modernes ;

• **Kenneth Kaunda** (1924-), emprisonné, humaniste africain de la Zambie, panafricaniste important ;

---

[4] Néerlandais de l'Afrique du Sud, féroces défenseurs de l'apartheid, jamais inquiétés par les organisations juridiques et humanitaires occidentales.

• **Amilcar Cabral** (1924-1973), leader panafricaniste guinéen (Bissau), assassiné par les Portugais ;

• **Patrice Emery Lumumba** (1925-1961), leader congolais au courage héroïque, emprisonné, assassiné à 36 ans par les Belges à cause de son nationalisme et de son panafricanisme sans compromis ;

• **Barthélémy Boganda,** panafricaniste centrafricain, assassiné par les Français. Son célèbre slogan fut : **Zo kwe zo,** « Un homme vaut un homme » : il n'y a pas meilleure définition des « droits de l'homme » en prônant la dignité et l'égalité de tous les êtres humains ;

• **Thomas Sankara,** fervent panafricaniste burkinabé, assassiné par les ennemis de l'Afrique ;

• **Steve Biko,** panafricaniste sud-africain, promoteur de **Black Consciousness** (« **La conscience noire** »), sauvagement mutilé et assassiné par les Afrikanders.

Tous ces illustres noms du panafricanisme, parmi tant d'autres (**Blaise Diagne, Azikiwe, Firmin, Modibo Keita, Sékou Touré,** etc.), montrent la grande continuité de l'idéal panafricain à bâtir une puissante Afrique noire au sein d'un **État fédéral africain**.

b) Fondements politiques et territorial de l'État fédéral

L'union libre et volontaire des **États-nations** actuels de l'Afrique noire constituera le fondement politique et juridique de **l'État fédéral**.

Cette union libre et volontaire au plan juridique est pour la liberté, le progrès et le bonheur du **peuple africain** tout entier.

Il faut un **referendum populaire** organisé par l'Union Africaine à l'échelle des États-nations qui veulent vivre au sein d'un **État fédéral africain**.

C'est donc une union libre, volontaire et démocratique, fondée sur les vœux, les choix et les aspirations légitimes du peuple africain.

Ainsi, toutes les ethnies, toutes les tribus, toutes les cultures forment une même nation, forte, grande, puissante, au bénéfice de l'ensemble du peuple africain. La patrie africaine naît de ce profond sentiment d'amitié, de fraternité, de solidarité et de destinée commune.

Ainsi, la grande diversité culturelle africaine est plutôt un enrichissement mutuel.

La mise en commun des volontés pour un destin collectivement accepté et partagé, dans le monde contemporain, est le socle même de **l'État fédéral africain** : c'est l'expression libre de la volonté commune des Africains au cours de leur histoire. Aucun avis occidental n'est à solliciter. Tout point de vue de l'Occident en la matière est nécessairement exogène, extérieur, extrinsèque, orienté et soutenu par les égoïsmes et arrogances séculaires de l'Occident.

Les 53 États-nations africains actuels, avec 53 présidents, 53 drapeaux, 53 hymnes nationaux, 1 060 ambassadeurs, 60 unités monétaires, ne formeront plus qu'un seul État fédéral, fort, puissant, prospère : les **États-Unis d'Afrique** dans le monde postcolonial contemporain.

c) Fondements énergétiques

L'énergie est à la base de tout développement. Par conséquent, l'électrification de tout le continent africain est une question impérative et urgente. Or, l'Afrique abonde en ressources énergétiques :

- l'Afrique noire vient en tête en matière d'**énergie hydraulique**, avec des milliers de milliards de kWh de réserves. L'énergie électrique peut être transportée à grande distance. L'équipement du seul **barrage d'Inga** en République démocratique du Congo (RDC) permettra de ravitailler tout le continent noir en électricité ;

- **l'énergie solaire** est l'énergie de l'avenir et elle existera aussi longtemps que le soleil. **La zone intertropicale** africaine pourrait être dotée d'équipements solaires d'un intérêt considérable pour l'Afrique noire ;

- **l'énergie atomique :** à la base de l'énergie atomique, il y a la fission contrôlée (réaction en chaîne) de **l'uranium** et du **thorium**. On trouve **l'uranium** en Ethiopie, au Cameroun, au Nigeria, au Niger, au Sahara, au Congo (Brazzaville), en République démocratique du Congo (RDC), au Ghana, en Zambie, au Mozambique, en Ouganda, en Namibie, en Afrique du Sud où existe également une mine de **thorium** au Cap ; tout l'uranium du Gabon a déjà été pompé par le nucléaire français ; l'uranium du Niger et l'uranium de la Namibie (qui représente 10 % des réserves mondiales) sont actuellement exploités par le **groupe AREVA** ;

- il existe d'autres formes d'énergie : énergie éolienne (utilisation des alizés, des vents du 40e degré, etc.) pour l'irrigation du sol et l'abreuvement du bétail dans les régions désertiques et semi-désertiques ; **énergie thermique des mers**, **énergie marémotrice**, **houille rouge**, **énergie thermique des volcans**, **biomasse**, **gaz naturel**, **pétrole**, etc.

d) Fondements économiques et industriels

L'Afrique noire, mal aimée par l'Occident depuis le XIIIe siècle, doit sortir des descriptions idéologiques mensongères et paralysantes comme celles-ci : « pays du tiers-monde », « pays en voie de développement », « pays les plus affamés et les plus pauvres de la terre », « pays du Sud en dialogue avec les pays du Nord », « développement durable », « pays émergents », etc. Tout ce vocabulaire de mépris n'est pas l'essentiel pour l'Afrique noire.

Si les Africains le décident, s'organisent mieux, travaillent avec méthode et se sacrifient en conséquence, l'Afrique noire peut très rapidement devenir une puissance mondiale, industrialisée, développée, moderne, scientifique, technologique.

Rien, absolument rien, ne manque à l'Afrique : ni ressources naturelles, ni ressources humaines, ni ressources intellectuelles, ni ressources politiques, ni ressources morales, ni valeurs fondamentales : c'est l'Occident qui « bloque » l'Afrique noire, en massacrant les leaders africains, en créant des réseaux de néocolonisation, en polluant les côtes et golfes africains, en « achetant » des terres favorables à ses visées économiques, en s'ingérant sans répit dans les affaires internes africaines. L'Occident maintient constamment l'Afrique noire dans l'illusion du développement avec des dettes colossales. L'Afrique noire doit donc rompre tous les liens néocoloniaux avec l'Occident, pour se développer, s'industrialiser et vivre librement, en paix, dans le monde contemporain.

La concentration des sources d'énergie et de matières premières fait qu'il existe des zones naturelles à vocation industrielle :

- le **bassin du Congo** : le centre principal de l'industrie de l'État fédéral, avec près des deux tiers de la production mondiale de l'énergie hydraulique, matières premières pour la fabrication **d'aciers spéciaux**, **métaux rares** (microélectronique/nanotechnologies), constructions aéronautiques (avions, fusées), constructions navales, construction de nouveaux chemins de fer, industrie variée du bois (forêt vierge), industrie de colorants ; élevage avec d'immenses prairies vertes ; plantes industrielles cultivées : oléagineux, palmeraies, hévéas, coton, canne à sucre, café, cacao ; huileries, savonneries ; centrales nucléaires dans l'avenir ; culture vivrière du riz ; pêche industrielle, etc.

- la région du Golfe du Benin : delta du Niger au Nigeria, Benin, Togo à l'ouest, et Cameroun à l'est ; beaucoup de réserves hydrauliques (250 milliards de kWh annuels), pétrole (du Gabon au Togo), tantale, étain, charbon non cokéfiable, lignite (200 millions de tonnes), uranium, or ; barrage d'Edéa. Cette région pourrait développer une **puissante industrie électro-métallurgique, électro-**

chimique, une **puissante industrie chimique du bois** (bassin de la Sanaga au Cameroun) : **distillation, pâte à papier, tissus artificiels**. Culture du **riz** dans la région du delta ; palmier à huile, cocotier (coprah), hévéa, canne à sucre, cacao, permettent de créer des **huileries-savonneries**, des **sucreries** et **raffineries**, etc.

- **le Ghana et la Côte d'Ivoire** : 25 milliards de kWh de réserves annuelles avec l'équipement de la Haute-Volta, de la Bandama et de la Comoé : la bauxite qui abonde jusqu'en Guinée à côté de l'énergie hydraulique permet de créer une **industrie d'alumino-thermique.**

Le barrage d'Agena peut atteindre une puissance de 450 000 kWh.

Au Ghana, le manganèse peut favoriser la **fabrication d'acier électrique** (présence aussi de fer et de métaux non ferreux). La Côte d'Ivoire : une **industrie chimique de la forêt**, dans toute sa généralité.

Le Ghana et la Côte d'Ivoire monopolisent plus de la moitié de la production mondiale de **cacao** ; usines africaines de **conserves de fruits et légumes** (ananas, bananes, ignames, etc.) ; **chocolateries** ; **huileries - savonneries ;** culture intensive du **riz.**

- **la zone tropicale (Sénégal – Mali – Burkina Faso – Niger – Tchad)** : pétrole au Sahara malien, au Niger, au Tchad ; uranium au Niger, les eaux marines au Sénégal. **Industrie chimique du pétrole** (engrais, pharmacie, matières plastiques, insecticides, caoutchouc synthétique, tissus artificiels, etc.) ; **industrie du textile** (coton), du **ciment**, de la **pêche** ; culture du **riz** ; **flotte de pêche de haute mer** sur les côtes du Sénégal jusqu'à Pointe-Noire au Congo, jusqu'à Moçamedes en Angola méridional, jusqu'en Namibie côtière (requins, autres poissons, crustacés et autres fruits de mer) ; éviter le tarissement du lac Tchad.

- **Soudan nilotique – Grands Lacs africains – Kenya – Éthiopie – Érythrée** : les réserves énergétiques du Nil et de ses affluents (plus de 60 milliards de kWh de réserves annuelles) : barrage d'Owen, barrage sur le Nil bleu, barrage d'Assouan ; pétrole ; sources d'énergie des lacs ; uranium ; **construction navale** au port de Mombasa, au Kenya, sur l'océan Indien ; coton, canne à sucre, agave, sisal, palmiers à huile, cocotiers : installation des industries correspondantes ; grand développement de l'**élevage** ; maïs, et autres céréales, café, thé ; sites favorables au tourisme ; **fleurs** du Kenya ; base militaire stratégique en Érythrée ;

- **le bassin du Zambèze – Zimbabwe – Mozambique – Tanzanie** : le potentiel énergétique de cette région est de 45 milliards de kWh annuels ; réserves d'uranium ; charbon (au Zimbabwe) ; gisements de vanadium : industrie d'aciers résistants (aéronautique) et construction électrique ; barrage sur le Zambèze ; fer.

- **Afrique du Sud** : zone déjà industrialisée qui possède l'or, les diamants, le charbon, l'uranium, le thorium ; élevage du mouton mérinos (laine de qualité internationale) ; pétrole (désert du Kalahari) ; canne à sucre, vigne, pommes, etc. ; constructions navales ; centrales nucléaires.

- **la zone de Madagascar et Nosy Be** : dans l'océan Indien, agriculture vivrière : riz, manioc ; élevage : bovin ; canne à sucre, tabac, vanille, girofle, ylang-ylang ; aquaculture ; graphite, chrome, zircon, mica, saphir ; tourisme ; dans le futur : construction navale, base militaire stratégique, pêche industrielle ; requin blanc ; pont ou tunnel entre le continent et la Grande Île ;

- **la zone de Maurice** : à l'est de Madagascar dans l'océan Indien : maïs, manioc, pomme de terre, thé, canne à sucre, tabac, épices, pêche, artisanat, nacre, tourisme, base militaire stratégique ;

- **la zone des Comores** : coprah, vanille, clous de girofle, ylang-ylang ; pêche ; tourisme, pont ou tunnel avec le continent ; base militaire stratégique.

e) Moyens de communication et de transport

Il faut des routes, des chemins de fer, des ports, des aérodromes, des voies fluviales, maritimes, aériennes, et des moyens modernes de télécommunication (fibre optique), convenables à l'**État fédéral africain**, pour la circulation des hommes, des produits, des idées, de l'information africaine et internationale (d'après l'Afrique).

Voies ferroviaires et terrestres du Cap à Nairobi, d'Addis-Abeba à Dakar, de Pointe-Noire à Kinshasa (port de Pointe-Noire, route, chemin de fer, pont sur le Congo) ; de Maputo à Luanda, de Windhoek à Ndjaména, de Dar es-Salam à Conakry, etc.

f) Formation des cadres

Il faut des écoles, des instituts, des centres et des universités à vocation nettement panafricaine, pour accélérer **l'État fédéral africain,** avec des hommes et des femmes, bien formés, à la conscience hautement panafricaniste.

La formation des cadres techniques (ingénieurs, vétérinaires, agronomes, zoologistes, botanistes, géographes, géologues, architectes, pilotes, restaurateurs, hôteliers, couturiers, cadres moyens, cadres auxiliaires compétents) est impérative.

Le chômage, le sous-emploi, l'oisiveté, tout cela n'existerait plus en Afrique noire, dans le cadre de la construction de l'**État fédéral africain.** La vraie croissance économique et la véritable prospérité sociale ont pour cadre et moteur l'**État fédéral africain**, et non les paramètres et indicateurs douteux, sinon falsifiés, des organismes financiers internationaux dont les textes de base et d'orientation n'ont jamais été conçus en vue du développement de l'Afrique noire.

Par ailleurs, toute information occidentale sur l'Afrique noire est fortement biaisée, manipulée, injuste, et toujours négative, surtout les médias officiels occidentaux et les films documentaires ethnographiques. Les Négro-Africains doivent donc avoir le monopole de l'information et de l'explication sur l'Afrique et les peuples africains : ce n'est guère anormal.

g) Fonds d'investissement

Il faut dresser un **plan d'industrialisation** de l'ensemble du continent : rythme d'industrialisation, possibilités financières réelles, etc.

Des emprunts importants peuvent être faits à la Chine, qui vole d'ailleurs financièrement au secours des USA et de l'Europe occidentale.

L'**Occident** ne pourra jamais aider l'Afrique noire à se développer, à s'industrialiser. Il faut se tourner résolument du côté de l'Asie, de l'Inde, de la Chine, du Japon, etc. : crédits, formation, coopération, etc. Avec les pays asiatiques et latino-américains, les coopérations sont moins frustrantes.

Les actions et le vocabulaire idéologique de la Banque mondiale et du FMI sont simplement illusoires, retardataires.

L'Occident, agressif, hégémonique, pauvre en matières premières, ne cherche que la néocolonisation de l'Afrique (guerres, massacres, plans d'ajustement structurel, pillage des ressources, bases militaires, politique linguistique dominatrice, statistiques mensongères, etc.). L'Occident s'octroie toujours le droit, indu, de s'immiscer dans les affaires intérieures africaines, pendant que les gouvernements occidentaux eux-mêmes sont assez corrompus.

Il faut se déterminer, par soi-même, pour soi-même, et choisir la marche de l'histoire en toute liberté, comme le firent, il y a près de 300 ans, les USA, sans l'autorisation de la vieille Europe anglaise colonisatrice, et après avoir vaincu les « Peaux-Rouges » (*i.e.* les Indiens d'Amérique).

Chapitre 4

Un cas d'histoire : l'État fédéral nord-américain (USA)

Aucun État américain ne regrette l'union fédérale, car la faiblesse des uns est compensée par la force des autres (Constitution fédérale de 1787) :

- **l'État de la Californie**

À l'ouest des USA :

o 411 000 km^2

o 36 000 000 habitants

o universités de premier rang mondial (UCLA, Berkeley, Stanford, etc.)

o parc de recherche et d'industrie de haute technologie le plus ancien du monde (Pasadena, Silicon Valley, etc.)

o Hollywood (industrie cinématographique)

- **l'État du Colorado**

Au centre des USA :

o 270 000 km^2

o 300 000 habitants

o mines, agriculture, énergie hydroélectrique, industries (alimentaires, métallurgie, électronique)

- **l'État du Dakota du Nord**

Au nord des USA :

o 183 022 km^2

o 642 000 habitants

o **agriculture** : céréales, betterave, pomme de terre ; **élevage** : bovin et ovin ; réserves de pétrole, de sel, de lignite et de gaz naturel ; raffineries

- **l'État de la Virginie**

À l'est des USA :

o 107 711 km^2

o 7 643 000 habitants

○ agriculture, maraîchage, agroalimentaire, élevage, tabac, construction navale

- **l'État de la Floride**

Au sud-est des USA :

○ 151 940 km^2

○ 16 000 000 habitants

○ agrumes, électronique, armement, base spatiale (cap Canaveral).

Les bases spatiales ne sont pas éparpillées dans les 53 États américains. L'armement stratégique ainsi que les constructions navales sont également situés sur des sites précis. Les universités et centres de recherche leaders existent : tout le monde, tous les États bénéficient de la science, de la technologie, de l'industrie, de l'agriculture du pays. La monnaie est commune (le dollar), ainsi que la défense et la diplomatie. La superficie des États n'est qu'un problème de hasard historique. L'égalité de tous les États est garantie par la Constitution fédérale.

La fédération des États-Unis d'Amérique n'existe que depuis à peine **300 ans.** Le premier président fut **George**

Washington, de 1789 à 1797. La Constitution fédérale de 1787, élaborée à Philadelphie, est toujours en vigueur.

Le président américain est démocratiquement élu ; il provient indifféremment de l'un ou l'autre État de la République fédérale des USA. Ainsi, par exemple :

- **George Washington**, 1er président, est originaire de la **Virginie** ;

- **Thomas Jefferson** vient aussi de la **Virginie** ;

- **James Madison**, également de la **Virginie** ;

- **Abraham Lincoln**, le 16e président des USA, est né dans le **Kentucky** ;

- **David Eisenhower**, le 34e président des USA, vient du **Texas** ;

- **John F. Kennedy**, le 35e président des USA, est originaire du **Massachusetts** ;

- **James (« Jimmy ») Carter** vient de la **Géorgie** ;

- **Ronald W. Reagan**, né dans l'**Illinois**, gouverneur de la **Californie**, président des USA (1981-1989) ;

- **William ("Bill") J. Clinton** est d'**Arkansas** ;

- **Barrack H. Obama** est originaire de l'**État d'Hawaï**, archipel du centre de l'océan Pacifique Nord, 44e président des USA, en 2009.

Si la génération actuelle, responsable des destinées de l'Afrique noire, est incapable de faire en sorte que l'Afrique noire rencontre son destin panafricain, alors les générations africaines à venir auront beaucoup d'immenses obstacles, presque impossibles à vaincre : masses géopolitiques et géostratégiques devenues de plus en plus arrogantes, égoïsmes nationaux accrus, conflits permanents initiés par l'Occident à la recherche de matières premières, armements de plus en plus hypersophistiqués, avancées scientifiques et technologiques incroyables, frontières commerciales de plus en plus hermétiques, etc.

L'Afrique doit donc faire vite. Il est devenu une exigence, pour les Africains, de vivre avec l'idée ou le sentiment existentiel de l' « accélération de l'histoire » (**Daniel Halévy**), c'est-à-dire l'idée maîtresse du temps qui court et ne saurait attendre les timorés, les indécis, les hésitants, bref tous ceux qui ne cultivent pas l'audace, la témérité, le courage, et sont pauvres de toute ambition grandiose pour l'Afrique noire. Les risques, les pesanteurs, les obstacles, font toujours corps avec les grands enjeux, mais la détermination intelligente et le dévouement courageux l'emportent nécessairement sur les *impedimenta*. La question des « étapes » est accessoire, purement « intellectuelle ». C'est l'objectif final qui compte, et il ne peut être perçu que dans l'urgence de l'histoire contemporaine.

La détermination africaine seule compte, avec le sens aigu des responsabilités qui l'accompagne.

Jamais les Occidentaux, la Banque mondiale, le Fond monétaire international, l'Union européenne, etc., jamais ces structures occidentales, issues de la traite négrière, des codes noirs et des codes indigènes, des coopérations injustes et des plans d'ajustement structurel, jamais, disons-nous, ces structures n'aideront l'Afrique noire à s'en sortir : jamais. Le social, la santé, l'alimentation, l'éducation, la solidarité nationale, la route, le transport, le véritable développement, tout cela qui est fondamental ne reçoit que dédain de la part de la Banque mondiale et du FMI où règnent, au sommet, des comportements pulsionnels, ivres de toutes les jouissances du pouvoir de l'argent et, bien évidemment, pauvres de toute moralité. Et les fameuses dettes sont totalement injustes.

L'effort africain est irremplaçable : il faut donc se méfier des donneurs de leçons occidentaux. Les capacités africaines pour le développement doivent être marquées du sceau africain. On ne se développe pas durablement ni par délégation ni sur les conseils inopportuns et inadaptés des experts occidentaux.

La Renaissance africaine requiert ainsi une rupture radicale avec les ruses et les complots séculaires de l'Occident pour embrasser librement et totalement la vision et le projet de l'**État fédéral africain** : là est l'essentiel, et c'est **la seule issue** pour les Noirs africains d'aujourd'hui et de demain, afin d'éviter une recolonisation occidentale possible de l'Afrique noire dans un ou deux siècles. Pour ses intérêts, l'Occident des affaires n'est guidé par aucun principe juste, moral, humaniste, civilisationnel.

La construction politique et économique de la puissance africaine, dans le cadre d'un **État fédéral** continental, est une question cruciale de survie des peuples africains dans le monde d'aujourd'hui et de demain : question primordiale pour les Africains, mais question nullement envisageable pour les Occidentaux. C'est la vérité.

Aucun homme politique occidental, aucun expert occidental, aucun banquier ou financier occidental, aucun officier occidental, aucun intellectuel occidental : aucune de ces forces qui structurent la société occidentale n'osera parler de l'**État fédéral d'Afrique noire** dans ses analyses et visions des prochains millénaires.

C'est aux Africains, seuls, de se déterminer et de travailler en conséquence : « Aide-toi et le ciel t'aidera » !

De toute évidence, les Africains ont besoin d'aide, d'appui, de soutien, de coopération, etc., mais, en aucune circonstance, ils doivent aliéner leur pensée, leur vision, leur âme. Une aide ou une coopération qui réinstalle l'aliénation, la subordination, la soumission, la peur viscérale, l'esclavage, est à exclure de toute énergie. Les liens historiques entre les Africains et les Occidentaux qui sont des liens éventuels d'amitié doivent le rester dans le respect mutuel, sans les arrière-pensées de supériorité ou d'infériorité, jadis et naguère magnifiées par l'Occident : l'**État fédéral africain** est fondamentalement un travail de justice, de liberté, de respect, de progrès et de paix.

Conclusion

La **Renaissance africaine** est éminemment une question de politique générale africaine. Ce n'est pas une question occidentale ou asiatique. Il faut donc en comprendre toutes les implications, c'est-à-dire essayer de bien saisir ce qu'est véritablement la **Renaissance africaine**, comme problématique essentielle, sans arguties. Il faut résister à l'affaiblissement du mental africain par les manœuvres sédatives de l'Occident.

Il ne s'agit ni de s'extasier devant les données culturelles africaines ni d'en dresser un bilan plus ou moins complet, encore moins de simplement enregistrer le fait culturel africain au cours des festivals internationaux. Non, pas que cela, plus que cela : la **Renaissance africaine** est une dynamique politique ; rien d'autre.

Cette dynamique politique qu'est la **Renaissance africaine**, bien comprise, permet de transcender les impasses actuelles (conflits actuels et futurs, permanentes réconciliations nationales, conférences nationales, gouvernements paralysants au prétexte d'union nationale, etc.), pour un futur collectif radieux, les valeurs africaines fondamentales de paix, de fraternité, d'unité, de solidarité, de dialogue et d'excellence étant le socle de toute entreprise politique.

L'entreprise politique qu'est la **Renaissance africaine** ne peut que s'attacher à l'essentiel, c'est-à-dire la création de l'**État fédéral africain**, pour les grandes et urgentes motivations ci-après :

- concrétiser sur un espace territorial les longues durées historiques et les traditions politiques de tous les militants du panafricanisme ;

- bâtir une puissance politique, économique, commerciale, scientifique, technologique et spirituelle africaine à l'échelle continentale pour écarter à tout jamais toute possibilité de recolonisation du continent noir par l'Occident dont les visées colonialistes et impérialistes n'ont jamais diminué ni cessé vis-à-vis de l'Afrique ;

- assurer la survie du peuple africain dans le cadre d'un **État fédéral**, parmi les masses géopolitiques et géostratégiques du monde contemporain ;

- contribuer plus efficacement au développement et au progrès de l'humanité entière.

Les États-nations africains actuels ne peuvent pas, individuellement, faire face et tenir devant les grandes puissances d'aujourd'hui et surtout de demain. Même les plus puissants d'aujourd'hui développent d'ores et déjà des visions politiques plus gigantesques pour le futur, en créant par exemple une masse géostratégique Europe orientale – Asie, Russie et Chine y compris.

La décision finale de toute véritable **Renaissance africaine** est la création de l'**État fédéral d'Afrique noire**, pour les combats de demain et pour la paix du monde.

L'**État-nation africain** actuel n'est pas vraiment porteur d'un grand et rayonnant avenir africain dans le monde si complexe qui se prépare sous nos yeux.

C'est ainsi que la **Renaissance africaine** et l'**État fédéral africain** doivent plus que jamais s'imposer à tous les leaders politiques, industriels, culturels, intellectuels et spirituels de l'Afrique noire, car l'**État fédéral africain**, à bien y réfléchir, est **la seule issue**.

L'émiettement des forces n'est qu'une forme de fragilisation : l'Afrique noire ne pourra qu'en souffrir.

La balkanisation des volontés est suicidaire : l'Afrique noire demeurera ainsi la proie éternelle des vautours occidentaux.

Le manque d'unité et de solidarité, dans un monde de grandes masses géopolitiques et géostratégiques, ne saurait conduire au salut : l'Afrique noire risque d'être recolonisée par des puissances avides que de ses matières premières. L'Occident, depuis au moins **10 siècles**, n'a fait que du mal à l'Afrique noire, à travers la traite négrière, l'esclavage, la colonisation, le racisme, l'apartheid, le massacre des leaders africains d'envergure : les intelligences occidentales les plus éclairées, les plus élevées, l'ont affirmé, en toute liberté et en toute vérité – le cas de **Jean-Paul Sartre**, sans les faux-semblants usuels.

Ainsi, donc, et sans ambiguïté, l'**État fédéral africain** demeure **la seule issue**, pour aujourd'hui et pour demain. Tout doit s'orienter et s'acheminer vers cette historique **issue**.

Une **nouvelle conscience africaine** est par conséquent appelée à l'existence.

Cette **nouvelle conscience africaine**, devant les nouvelles exigences de vie et de survie, est l'œuvre de toutes les forces vives africaines :

- écrivains, romanciers, hommes et femmes de théâtre, poètes, qui doivent quitter la description des faits coloniaux et postcoloniaux pour aborder désormais les thèmes majeurs de l'**Afrique nouvelle** ;

- musiciens, artistes, athlètes, cinématographes, couturiers, modélistes, qui doivent percer les mystères, mobiliser les forces, les énergies, les mentalités collectives en fonction du présent et de l'avenir ;

- intellectuels, universitaires, penseurs, cadres, libraires, bibliothécaires, documentalistes, archivistes, muséologues, hommes et femmes des églises, qui doivent chasser l'ignorance, répandre les connaissances, innover et inventer d'autres discours dont les dynamiques transcendent le convenu pour ouvrir de nouvelles perspectives africaines plus solidaires ;

▪ hommes et femmes politiques, animateurs associatifs, leaders des partis politiques, journalistes engagés comme témoins et acteurs sociaux objectifs, qui doivent hisser les intérêts fondamentaux du peuple africain au-dessus des contingences et accessoires ;

▪ industriels, banquiers, économistes, juristes, commerçants, militaires, hommes et femmes d'affaires, paysans, ouvriers, citadins, ruraux, constructeurs, architectes, ingénieurs, inventeurs, médecins, pharmaciens, jeunes, adultes, femmes, hommes, qui doivent toujours imaginer et augmenter la créativité africaine à l'échelle continentale.

La construction d'une **nouvelle Afrique** dans le cadre de l'**État fédéral africain** requiert ainsi une mobilisation générale de toutes les énergies africaines pour le bien-être, la bonne vie, le bonheur de l'ensemble du peuple africain.

Telle est **l'initiative africaine** dans le monde contemporain qui se résume dans le choix de la solidarité, le choix de la puissance africaine dans un **État fédéral**. Le choix du royaume politique est à opérer avant les schémas économistes, pour l'avènement de « Et demain l'Afrique » (**Edem Kodjo**).

Il n'y aura plus de conflits postélectoraux, de politiques de réconciliation nationale, encore moins d'interventions militaires occidentales néocoloniales ; plus de réseaux néocoloniaux, plus de pillage des matières premières, plus de « France-Afrique », plus de francophonie, de Commonwealth, etc : tout l'**accessoire** cédera alors la place à l'**essentiel**.

Il ne restera que l'**essentiel** : la construction d'une humanité de justice, d'égalité, de fraternité et de progrès pour la paix et le bien-être de la famille humaine.

Appendice

Chronogramme pour l'État fédéral

- **2012-2014** : intense activité pédagogique ; séminaires, colloques, festivals, conférences, émissions radio-télévisuelles, débats publics, associations, partis politiques panafricains, etc.

- **2014-2020** : rédaction des textes juridiques appropriés (constitution fédérale, organes fédéraux, assemblée nationale fédérale, sénat fédéral, etc.) ; referendum à l'échelle des États-nations africains actuels qui doivent amender leur constitution.

- **2020-2022** : proclamation de l'**État fédéral** africain à Addis Abeba (Ethiopie) ; espace territorial du siège de la Fédération ; gouvernement fédéral pour les **États-nations africains volontaires** ; entrée à l'ONU ; non-adhésion à la Cour pénale internationale (CPI) : par exemple, les USA ne sont pas membres de la CPI.

- **2022-2030** : vaste plan du début de l'industrialisation des États fédérés dans l'**État fédéral d'Afrique noire**

- **2030-2060** : programme nucléaire civil africain.

- **2060-…** : véritable **Renaissance africaine** dans l'histoire contemporaine, pour la paix et le progrès de l'humanité.

Illustrations

Plan et coupes de navire négrier

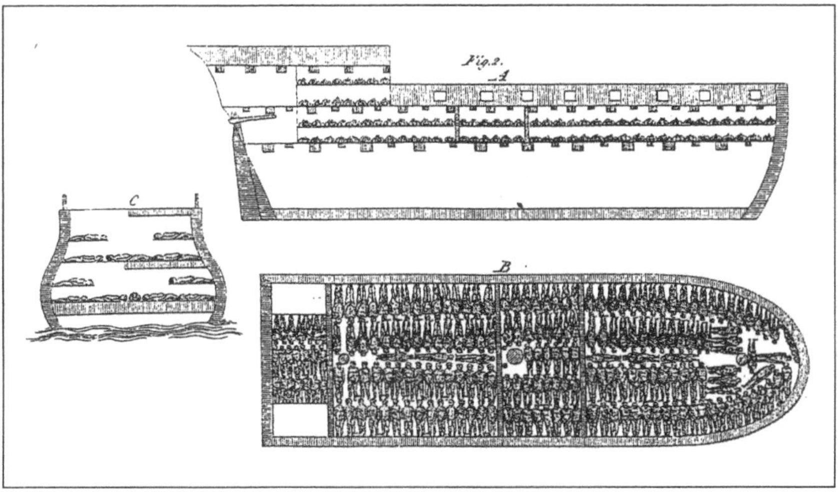

Plan et coupes de navire négrier

Sous cale, enchaînés, les Noirs d'Afrique furent transportés ainsi au Nouveau Monde pendant près de **4 siècles**.

C'est le plus long et atroce crime contre l'humanité commis par les Blancs de l'Europe occidentale, si ardents défenseurs des droits humains.

Les grandes figures du panafricanisme

W.E.B. Du Bois

Marcus Garvey

Kwame Nkrumah

Nelson Mandela

Aimé Césaire

Julius Nyerere

Amilcar Cabral

Cheikh Anta Diop

Barthélemy Boganda

Steve Biko

E.P. Lumumba

Thomas Sankara

Blaise Diagne

Modibo Keita

Sékou Touré

Reine Nzinga Mbandi Kia Ngola

Chaka Zulu

Mongo Beti

Félix Moumié

A. Firmin

Benjamin N. Azikiwe

Winnie Mandela

Kenneth Kaunda

Jomo Kenyatta

Samory Touré

Simon Kimbangu

G. Asa Hilliard III
Baffour Amankwatia

Robert Mugabe

Mariam Makeba

Abdou Moumouni Dioffo

Kimpa Vita

Soundiata Keïta

Wangari Maathai

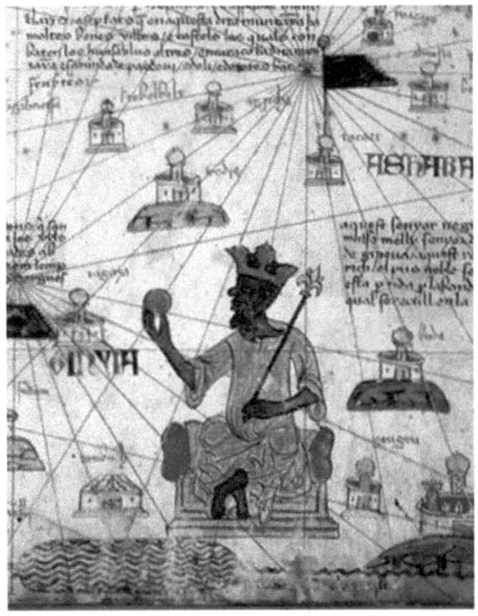

Mansa Moussa

Toussaint Louverture

Ouser-Maāt-Rā Ramsès II

Table des matières

L'HARMATTAN, ITALIA
Via Degli Artisti 15; 10124 Torino

L'HARMATTAN HONGRIE
Könyvesbolt ; Kossuth L. u. 14-16
1053 Budapest

L'HARMATTAN BURKINA FASO
Avenue Mohamar Kadhafi (Ouaga 2000) – à 200 m du pont échangeur
12 BP 226 OUAGADOUGOU
(00226) 50 37 54 36
harmattanburkina@yahoo.fr

ESPACE L'HARMATTAN KINSHASA
Faculté des Sciences sociales,
politiques et administratives
BP243, KIN XI
Université de Kinshasa

L'HARMATTAN CONGO
67, av. E. P. Lumumba
Bât. – Congo Pharmacie (Bib. Nat.)
BP2874 Brazzaville
harmattan.congo@yahoo.fr

L'HARMATTAN GUINÉE
Almamya Rue KA 028, en face du restaurant Le Cèdre
OKB agency BP 3470 Conakry
(00224) 60 20 85 08
harmattanguinee@yahoo.fr

L'HARMATTAN CÔTE D'IVOIRE
M. Etien N'dah Ahmon
Résidence Karl / cité des arts
Abidjan-Cocody 03 BP 1588 Abidjan 03
(00225) 05 77 87 31

L'HARMATTAN MAURITANIE
Espace El Kettab du livre francophone
N° 472 avenue du Palais des Congrès
BP 316 Nouakchott
(00222) 63 25 980

L'HARMATTAN CAMEROUN
BP 11486
Face à la SNI, immeuble Don Bosco
Yaoundé
(00237) 99 76 61 66
harmattancam@yahoo.fr

L'HARMATTAN SÉNÉGAL
« Villa Rose », rue de Diourbel X G, Point E
BP 45034 Dakar FANN
(00221) 33 825 98 58 / 77 242 25 08
senharmattan@gmail.com

652723 - Mai 2016
Achevé d'imprimer par

1livre.com
du rêve à la réalité !